QUELQUES MOTS

SUR

DIANE DE POITIERS

(Anet, le 25 juin 1875)

Prix : **50** cent.

CHARTRES

Imprimerie DURAND Frères, rue Fulbert

1876

QUELQUES MOTS

SUR

DIANE DE POITIERS

(Anet, le 25 juin 1875)

Prix : **50** cent.

CHARTRES

Imprimerie DURAND Frères, rue Fulbert

1876

AU LECTEUR

Ce n'est point, est-il besoin de le dire, une étude complète sur Diane de Poitiers que nous avons la prétention de fournir. Le 25 juin dernier, la Société archéologique d'Eure-et-Loir, répondant à la gracieuse invitation de M. Moreau, se rendait à Anet. Elle avait fait appel à la bonne volonté de ses sociétaires, nous crûmes devoir y répondre, de là cette esquisse qui n'était destinée qu'à un cercle tout intime.

Une bienveillance, exagérée peut-être, nous a demandé de publier à part ce très-modeste et trop insuffisant travail ; nous n'avons pas cru pouvoir nous y refuser : de là cette petite brochure. Nous ne nous en exagérons ni la valeur ni la portée.

Puisse-t-elle, et c'est là notre seul vœu, donner à quelque archéologue plus autorisé la pensée de traiter à fond ce curieux et intéressant sujet.

Elle servira en tous cas, nous l'espérons (et cela seul suffirait à nous justifier), à rappeler aux hôtes d'Anet le 25 juin 1876, une gracieuse et charmante journée, une hospitalité tout à la fois princière et cordiale.

H. DUBREUIL.

QUELQUES MOTS

sur

DIANE DE POITIERS

(Anet, le 25 juin 1876)

———»»×««———

Messieurs,

Une hospitalité, d'autant plus généreuse qu'une douleur amère et vivement partagée la rend plus pénible, nous convoque aujourd'hui dans ces murs d'Anet, si poétiques par eux-mêmes, si intéressants par les souvenirs qu'ils évoquent.

C'est de ces souvenirs que je voudrais vous entretenir un instant.

Anet! comment séparer en effet, de ce poëme écrit dans la pierre, l'idée de l'enchanteresse auquel il est dédié, comment séparer ces deux noms que l'ingénieuse galanterie de nos pères avait si heureusement fondus en quelque sorte dans cette gracieuse formule : *Le Dianet.*

Le sujet semble donc s'imposer à vos esprits, et vous vous étonneriez à bon droit si nous ne vous parlions pas de cette femme célèbre, très-diversement appréciée, mais..... fort peu connue en somme, que l'on appelle Diane de Poitiers.

Quelle elle a été? Quel a été son rôle? Voilà ce qu'il serait intéressant de rechercher ensemble. Le temps et l'autorité me manquent malheureusement à la fois pour traiter un sujet aussi vaste. Je l'effleurerai à peine et ne vous présenterai que quelques aperçus, une bien modeste et très-imparfaite ébauche. Heureux si un peintre plus habile veut bien se charger du portrait.

Tout ce que l'on sait d'absolument certain sur Diane de Poitiers peut se résumer en quelques lignes.

Fille de Jean de Poitiers, seigneur de Saint-Vallier, et de Jeanne de Bastarnay, Diane naquit le 3 septembre 1499.

Quatorze ans plus tard, le 29 mars 1514, on la mariait à Louis de Brézé, comte de Maulevrier, grand-sénéchal de Normandie, qui avait quelque quarante ans de plus qu'elle.

De cette union, que la mort du Comte rompit en 1531, naquirent deux filles qui furent mariées, plus tard, l'une au Comte de Bouillon, prince de Sedan, en 1538, l'autre au prince Claude de Lorraine, duc d'Aumale, en 1546.

Diane restée veuve à trente-deux ans ne perdit jamais le souvenir de son défunt mari. Au comble même de la faveur à laquelle elle parvint plus tard, la mémoire du grand-sénéchal resta toujours très-ostensiblement l'objet de son culte et des plus grands honneurs.

Au printemps 1535 dit-on remontent les premières relations d'amitié qu'elle eut avec le prince d'Orléans qui devint le Dauphin et plus tard le roi Henri II. Henri avait alors seize ans et Diane trente-six. Cette amitié que la mort seule du roi vint faire cesser en 1559 dura donc vingt-quatre années.

Pendant tout ce temps, Diane de Poitiers, créée duchesse de Valentinois par le roi Henri, comblée de faveurs, eut dans les conseils de France une influence considérable.

Elle avait soixante ans quand Henri II mourut, et lui survécut près de sept années. En butte, à la mort du roi, à la haine de Catherine de Médicis, elle avait tout à craindre. Rien de fâcheux ne lui advint pourtant, et elle décédait à Chaumont le 22 avril 1566 en pleine possession de son immense fortune, ayant passé dans la retraite, la prière et les bonnes œuvres les dernières années de sa vie. Suivant ses désirs, son cœur fut réuni à celui de M. le grand-sénéchal, son défunt mari; son corps, déposé d'abord dans l'église d'Anet, fut inhumé une dizaine d'années plus tard dans la chapelle mortuaire qu'elle avait fait construire à cet effet.

Voilà, dans sa sécheresse et sa simplicité, le thème que nous fournit l'histoire. Thème que les variations brillantes mais fort peu justifiées de l'esprit de parti ont singulièrement enrichi au grand détriment de la mémoire de Diane.

Je ne veux point me constituer le champion de sa vertu. Des travaux postérieurs vengeront-ils complétement la duchesse de Valentinois de toutes les accusations portées contre elle? C'est le secret de l'avenir. Ce qui semble résulter en tous cas d'un examen calme et impartial des pièces de ce procès, c'est que si l'innocence de Diane n'en ressort pas évidente *a priori,* sa culpabilité en maints cas est impossible, en certains autres au moins difficile à prouver.

Il n'est sorte d'horreur que l'on n'ait accumulé sur sa tête. Si l'on en veut connaître la raison vraie et sérieuse, il suffit de jeter un coup d'œil sur la situation morale et religieuse de la France à cette époque.

Envahie par la Réforme qui trouvait dans la tendance même des esprits une voie relativement facile, la Cour se partageait en deux partis hostiles et profondément divisés.

Le vent de la révolte politique et civile autant au moins que religieuse soufflait sur cette société galante et devait amener bientôt ces horreurs dont on a bien pu dissimuler la vraie cause et fausser l'histoire, mais qui n'ont été que la résultante naturelle des prémisses posées.

Diane de Poitiers avait-elle compris ce qui se cachait sous ce mot de Réforme, je l'ignore, mais en tous cas je le dois constater, et à son éternel honneur, elle a tout fait pour arrêter l'essor en notre beau pays de France de ces terribles et désolantes idées.

Influence, fortune, tout lui servit à combattre L'ENNEMI et si, sur le trône de France, l'hérésie victorieuse n'a jamais ceint la Couronne, c'est à cette femme peut-être que nous le devons.

Comprenez-vous maintenant ces haines farouches ! ces intenses colères. Mensonge et calomnies ! du Réformé du XVIe siècle aux Révoltés du XVIIIe et du XIXe, aux Tenants de la révolution jusqu'à son expression suprême et dernière, ça été, c'est et ce sera l'arme favorite et toujours puissante. Hier à peine elle dressait dans la boue et le sang l'échafaud de nos reines ; qui pourrait dire ce qu'elle fera demain ?.... Le passé et ses ombres ne s'éclairent-ils pas à ces lueurs sinistres ? Diane de Poitiers est l'ennemie, Diane de Poitiers deviendra le bouc émissaire.

Devergondage des mœurs, accusations les plus horribles, assassinat même, tout lui sera reproché. Aucuns de ces faits ne seront prouvés; bien peu pris à part pourront résister à la plus simple critique; on ne s'entendra même pas sur les dates les plus indiscutables..... Qu'importe, l'insinuation produira son effet et le lecteur abasourdi par tant de témoignages, quelques discordants qu'ils puissent être, en retiendra toujours, et c'est ce qu'il fallait obtenir, la plus fâcheuse impression.

Que si ce procédé, dont chaque jour nous constatons l'emploi, semblait invraisemblable, il me serait facile de donner immédiatement la preuve de cette partialité voulue.

Diane de Poitiers n'a point été la femme la plus..... célèbre où tout au moins la seule femme..... célèbre du XVIe siècle.

François 1er favorisait une certaine Anne de Piseleu, demoiselle d'Heilly, bien connue dans l'histoire sous le nom de duchesse d'Etampes. *La plus savante des belles, la plus belle des savantes* comme on l'appelait alors, était loin d'avoir pour son pays l'amour qui lui est dû. De mœurs indiscutablement mauvaises, la duchesse d'Etampes a trahi la France qu'elle a vendue à Charles-Quint. Le désastreux traité de Crépy-en-Valois a été le produit de sa trahison. Cherchez ce que l'on dit sur elle. Luthérienne de cœur et donnant chaque année, comme l'on disait alors, une partie de son revenu *dans la boîte à Pérette*, ces deux *qualités* lui ont valu, sinon une complète immunité vis-à-vis de l'histoire, à tout le moins de nombreux égards et le plus commode silence.

Faveurs à l'une, à l'autre tant de calomnies que Dreux du Radier lui-même, peu suspect pourtant de sympathie à l'égard de Diane, est obligé de s'exprimer ainsi sur son compte: « Nous » tâcherons de dégager ce que les auteurs qui ont écrit sur Diane » disent de vrai des erreurs qu'ils ont adoptées, ou malignement, » ou faute d'exactitude, » et encore: « La plus grande partie de » nos auteurs a suivi à l'aveugle ce que la haine ou la flatterie » ont fait dire de son temps. »

Abordons maintenant et de la façon la plus impartiale qu'il nous sera possible la vie décrite de Diane.

L'on comprendra sans peine combien, arrivé à ce point de mon sujet, ma tâche réclame de délicatesse et de demi-teinte. Il faut pourtant que j'effleure au moins (si scabreux que puisse être un pareil travail), ces calomnies dont on a fait l'histoire de la duchesse; que je fasse entrevoir à tout le moins les impossibilités ou les invraisemblances; qu'à de simples impressions, données pour la vérité, et déduites d'une façon parfois forcée, d'un fait par lui-même insignifiant, j'indique ce que l'on peut répondre.

Quelle a été Diane de Poitiers? 1° avant son veuvage, 2° depuis lors jusqu'à la mort d'Henri II, 3° dans les dernières années de sa vie. Quel rôle enfin a-t-elle joué à ces diverses époques? C'est ce que nous allons examiner rapidement.

De Diane, grande-sénéchale, il n'y a rien de bien terrible à dire, de bien sérieux au moins. Ses qualités d'épouse fidèle, de bonne mère de famille semblent indiscutables.

Louis de Brézé, du reste, était d'une race qui ne badinait pas avec son honneur, et le château de Rouvres, voisin de celui d'Anet, en pouvait offrir encore la preuve sanglante et à peine séchée. L'union de Diane a donc du être tranquille et toute aux intimités de la famille, et pourtant, là encore, la légèreté et l'esprit de parti ont su trouver à mordre.

Mézeray et Varillas, et après eux nombre de plagiaires, ont prétendu que Diane dut payer de sa personne, au roi François Ier, la rançon de Jean de Poitiers, son père, convaincu de haute trahison.

Déshonorer à la fois un roi et une grande dame, prendre sur l'autorité suprême une terrible et honteuse représaille, c'était besogne trop tentante sans doute pour la laisser échapper. Heureusement les pamphlétaires et leurs échos n'ont pu s'entendre. Divisés profondément entre eux sur la question de date, Mézeray et Varillas sont respectivement en désaccord complet avec les faits authentiques.

La grâce de Jean de Poitiers est de l'année 1523, Mézeray fixe à 1514 l'infamie dont nous avons parlé, et Varillas la recule à 1540. Cette grâce du reste fut moins une commutation qu'une aggravation de peine, et les lettres de rémission sont formelles. Elles ont été, disent-elles, « formellement concédées aux prières du comte de Maulevrier, grand-sénéchal de Normandie, et des autres parents et amis de Saint-Vallier. »

Changer les dates, changer les personnages, jeter à pleines mains le mensonge et l'outrage, cela s'appelle peut-être écrire l'histoire. Nous n'aurons garde d'oublier plus loin cette fable ridicule et, à moins de preuves évidentes et certaines, il nous sera au moins permis de douter. Quoi qu'il en soit, cette première partie de l'histoire de Diane de Poitiers, absolument nulle quant à l'influence, semble devoir être à l'abri de tout soupçon.

Nous en dirons autant, dès à présent, de celle qui suivra la mort du Roi, où, seule et livrée aux sages pensers de la vieillesse, Diane put réfléchir au rôle absorbant qu'elle avait joué à la Cour, et aux effacements auxquels son omnipotence avait réduit la véritable et légitime Reine.

Nous aborderons maintenant la partie brillante de la vie de Diane, celle où toute la Cour recevra d'elle le ton ; où le Roi viendra chercher à Anet les inspirations et les conseils.

Ici je dois renouveler mes déclarations précédentes.

Quelque puisse être mon sentiment sur Diane de Poitiers, ce n'est point à moi de conclure et je me garderai bien de le faire. Je ne veux établir qu'une seule chose, c'est qu'à cette époque même, rien de net, de précis, de positif ne vient prouver sa culpabilité.

En pareil cas le doute, ce me semble, doit profiter à l'accusée, alors surtout (et la haine de parti nous en est un sûr gage), alors, dis-je, que dans ces preuves que l'on trouvera, je l'espère, insuffisantes, rien n'a été omis de ce qui pouvait noircir l'honneur et la mémoire de Diane.....

Louis de Brézé est donc mort ! sa veuve lui a élevé un tombeau digne de lui. Son deuil sera perpétuel, et sa devise, au faîte même des grandeurs, jettera au monde entier comme le cri de son cœur ou bien alors comme un impudent défi (que jamais pourtant personne n'a relevé), la mémoire de l'époux qu'elle a perdu.

Quatre ans ont passé sur sa douleur sans en diminuer les nombreux témoignages. Un jour un jeune homme de seize ans s'arrête chez cette femme qui pourrait être sa mère.

Loyal et franc chevalier, il en porte les couleurs. Son père lui-même a obtenu de Diane l'octroi de cette faveur. Les lois de la Chevalerie, plus encore, la froideur de son tempérament lui rendent respectable la dame qu'il a choisie.

Il s'arrête dans ce même Anet, dont rien ne présage encore les futures splendeurs.

Cet adolescent de seize ans est l'époux aimant et aimé d'une femme de son âge. C'est le fils de nos rois. Dauphin quelques mois après par la mort de son frère, il monte bientôt sur le trône de France.

Ses visites à Anet se succèdent et se multiplient ; le château est restauré ; ou plutôt, bientôt Anet est bâti.

Diane l'heureuse comtesse obtient, comme don de joyeux avénement d'Henri au trône, la terre de Chenonceaux et son château ; disons mieux elle achète 190.000 livres, aux héritiers de Thomas Bohier, ce domaine confisqué par la couronne. Puis elle est créée duchesse de Valentinois, comblée chaque jour de dons, de faveurs nouvelles.

Appelée aux conseils du roi, elle est en même temps dans l'intimité de la reine Catherine de Médicis, à laquelle elle rend en déférence plus encore qu'elle ne reçoit en amitié.

Loin de s'étonner des visites à Anet de son royal époux, la Reine semble y pousser Henri II.

Cette faveur s'accroît d'année en année. Les mois s'entassent sur les mois, et la mort du Roi en 1559, trouve Diane, âgée de soixante ans, au comble des honneurs et de la puissance.

Voilà l'histoire; et qu'y a-t-il là, je ne voudrais pas dire qui suppose, mais qui prouve une culpabilité quelconque ?

Ah ! je sais bien que l'on objectera ces faveurs inouïes d'un roi à sa sujette ! Ces visites continuelles ! Ces chiffres entrelacés ! Ces allusions transparentes à la Diane chasseresse, des émaux..... plus ou moins authentiques, et d'autres faits encore que je citerai en leur lieu !

Mais franchement sont-ce là des preuves? Nous verrons tout à l'heure ce qu'elles peuvent valoir.

En ce moment examinons d'abord si les contemporains ne vont pas jeter quelque lumière sur la nature de ces relations.

Un livre m'a été communiqué, fort important et assez peu répandu encore. Il a pour titre « *La Diplomatie vénitienne* » (Plon 1862.) — Venise au xve siècle, notamment, entretenait à la Cour de France des ambassadeurs qui, leur mission finie, devaient dans des *relazione* spéciales, rendre compte aux seigneurs assemblés de ce qu'ils avaient pu constater dans les cours de l'Europe.

Ces *relazione* secrètes de leur nature étaient par suite l'écho généralement fidèle de la vérité, — tant que le narrateur pour donner du sel à des faits déjà connus n'ajoutait pas des cancans de Cour à ce qu'il savait par lui-même. — Or, que nous disent ces *relazione* au point de vue spécial qui nous occupe?

La première est datée de 1542, postérieure de sept ans par conséquent aux relations incriminées, elle a pour auteur Matteo

Dandolo. Il parle du roi et du dauphin. Des relations de celui-ci avec madame la sénéchale, pas un mot.

Marino Cavalli lui succède. La conduite d'Henri est appréciée avec le plus grand soin par cet ambassadeur, l'un des plus grands hommes qui aient illustré Venise.

Après des détails tout confidentiels sur les mœurs du Dauphin et tout à son honneur, Marino Cavalli ajoute :

..... « Pour la conversation, il s'en tient à celle de madame la
» sénéchale de Normandie âgée de quarante-huit ans. Il a
» pour elle une tendresse véritable, mais on pense qu'il n'y a
» rien de lascif, et que dans cette affection c'est comme entre
» mère et fils. On affirme que cette dame a entrepris D'ENDOC-
» TRINER, DE CORRIGER, DE CONSEILLER M. le Dauphin, ET DE LE
» POUSSER A TOUTES LES ACTIONS DIGNES DE LUI.

Rappelons-nous, je vous en prie, toutes ces expressions qui auront leur importance tout à l'heure.

Je ne voudrais rien dissimuler pourtant, et je suis bien forcé de le reconnaître, la *relazione* suivante de Lorenzo Contarini est autrement énergique. Les rapports de Diane et d'Henri II sont considérés par lui comme beaucoup moins platoniques, les termes qu'il emploie ne laissent aucun doute sur ce qu'il a voulu dire. Mais Contarini ne cédait-il pas au besoin de donner de l'importance à une relation déjà faite. Quelques lignes plus bas il raconte en effet avec une conviction plus énergique encore s'il est possible la fable de Diane et de François 1er.

De 1551 à 1555, Giovani Capello déclare que le roi se donne tout aux affaires, que ses amusements sont honnêtes.

En 1555, Giacomo Soranzo constate l'affection très-apparente de Henri pour Catherine de Médicis son épouse.

Sauf un ambassadeur dont la *relazione* est, sur un point au moins, entachée de légèreté, et sur un point fort important dans notre thèse, de tous ces diplomates placés pour bien voir, sûrs du secret, n'ayant d'autre intérêt que la vérité, aucun n'attache aux relations de Diane et d'Henri II la note que l'histoire — ou ce qui en tient la place — leur a infligée. Tous, je le reconnais, constatent l'influence énorme de la duchesse sur les affaires de l'Etat. Nier cette influence ce serait puérilité et fausseté à la fois. Oui! Diane était maîtresse à la Cour de France, et maîtresse au détriment de la Reine, mais à quel titre? Voyons si nous ne le pourrons pas indiquer.

Henri II n'était point par sa naissance destiné a monter sur le trône de France. Peu aimé de François Ier, il avait toujours été tenu en dehors des affaires. La connaissance qu'il fit de Diane avant d'être Dauphin ne fut point propre à disposer en sa faveur la jalouse duchesse d'Etampes toute puissante à la Cour du roi François, et irritée de constater que celui-là ne sacrifiait pas à l'idole du jour.

Diane, et des auteurs très-sérieux l'affirment, a maintes fois aidé le Dauphin de ses conseils et de sa bourse. Femme d'une intelligence rare, elle avait compris ce que l'enfance du futur roi avait souffert de tant de négligence. Rappelons-nous ce mot de Marino Cavalli... « Elle a entrepris D'ENDOCTRINER, DE CORRIGER, » DE CONSEILLER Mgr le Dauphin ET DE LE POUSSER A TOUTES LES » ACTIONS DIGNES DE LUI ».

Et parce que ce roi qu'elle a formé lui témoigne sa reconnaissance d'une façon royale, on crierait au scandale?

Mais, dira-t-on, cette devise du roi si significative — Ce croissant et ces mots: — *Donec totum impleat orbem?*

Ah! prenons garde de ne point trop céder ici aux raisons d'impressionnabilité. Etes-vous si sûr, dites-moi que ce croissant — que l'on eût mieux fait peut-être de laisser au grand Turc, mais qui, en fait, n'est point particulier à Henri II — ait été choisi par lui seulement après qu'il eût connu Diane?

Croître jusqu'à emplir le monde, mais c'est le rêve de toutes les ambitions juvéniles, mais Louis XIII, mais Monsieur, frère de Louis XIV, ont eu le croissant dans leurs armes, mais Catherine de Médicis elle-même en ornait ses ouvrages!...

Ah certes, j'en suis sûr, Henri II a été ravi de la coïncidence, son choix a dû lui sembler meilleur et plus heureux, mais si la grande-sénéchale se fut appelée Jeanne ou Mathurine, je vous défie d'affirmer sans témérité que le croissant eût déserté le blason d'Henri II.

Mais, objectera-t-on encore, ces répétitions fréquentes? mais ces chiffres entrelacés?

Autres temps, autres usages!

En tous cas, amour ou reconnaissance expliqueraient également et ces chiffres et ces répétitions: mais en somme pourquoi donc irions-nous jusqu'à défendre Diane de ce chef? A ses détracteurs à prouver ce qu'ils avancent.

A quels signes certains reconnaissez-vous dans ces demi-cercles venant toucher les jambages de l'H, ou les dépassant quelque peu, le D de Diane ou le C de Catherine ou le croissant du roi? Il vous plaît pour votre thèse de retrouver partout le chiffre de Diane, c'est parfait; peut-être avez vous raison, mais prouvez-le.

Et, dira-t-on, ces Dianes chasseresses qui remplissaient Anet? ces déités fort peu voilées, qui sous leur transparente allégorie cachaient la Diane aimée et chérie?

Je le répète, autres temps autres mœurs et telles sculptures qui décorent nos cathédrales par exemple seraient aujourd'hui et peut-être à bon droit écartées.

Ne jugeons pas par notre époque plus positive et plus pudibonde sinon plus pudique que le XVIe siècle, le siècle de la Renaissance. Oui partout vous trouverez Diane chasseresse et ses attributs. Que voulez vous? madame la sénéchale, pour qui Anet a été bâti portait ce nom.

On en a usé et abusé, je le veux bien, comme on l'eût fait pour tout autre nom qui se fut le moins du monde prêté aux réminiscences païennes qui caractérisent le style de la Renaissance.

Est-ce là encore une preuve sérieuse? Mais un siècle plus tôt elle vous eut manqué, plus tard vous ne l'eussiez plus trouvée.

A ces prétendues preuves, preuves sur lesquelles pourtant on a bâti l'histoire, opposons maintenant je ne dirai pas les preuves, je serai plus modeste, mais les présomptions contraires.

Je ne parlerai pas de cette différence d'âge (20 années) qui pourtant, dans cette période intime d'une durée de vingt-quatre ans, aurait bien son importance. Je signalerai seulement l'absence et l'absence complète d'une preuve matérielle.

On a cherché beaucoup, on a cherché longtemps, on a donné des noms mêmes. Rien n'a tenu devant la lumière. Diane n'a jamais eu que deux filles, la duchesse de Bouillon et la duchesse d'Aumale. L'histoire, du reste, si peu favorable à Madame de Valentinois eut soigneusement enregistré ces preuves là. A cette époque où l'on ne ménageait rien, où la honte, quand elle venait de haut, devenait un titre de gloire, rien n'eut passé inaperçu. On n'a rien dit parce qu'il n'y avait rien à dire.

Nous avons mieux que cette preuve négative. C'est le désintéressement de Diane qui élève chez elle, sous le préceptorat de M⁰ Claude Sublet, chanoine de Chartres, Diane légitimée de France, très-authentique fille de Henri II et de Philippe Duc.

1539, voilà la date de cette naissance, alors que l'intimité de Diane et de Henri était dans toute sa fraîcheur. Nous laisserons sur notre route et Nicolle de Flavigny et la Demoiselle Flamin de Lawiston dont les relations avec Henri II ne sont un mystère pour personne et nous aborderons une preuve plus concluante.

Diane de Poitiers, et les témoignages les plus sérieux l'établissent, a plus d'une fois rétabli l'harmonie dans le ménage royal. Catherine l'aimait autant qu'elle le savait faire.

A la mort du roi, je le sais et l'ai dit, elle éloigna Diane de la cour, mais cette disgrâce même, cette vengeance incomplète, qui laisse à sa victime sa fortune tout entière et se contente de l'exiler, n'est-elle pas encore jusqu'à un certain point une présomption favorable à Diane?

Une Italienne ne se venge jamais à demi en pareille matière, et la disgrâce partielle de Diane semble avoir été plutôt la satisfaction d'un dépit ambitieux déjà assouvi par sa victoire même, plutôt que l'éclat de la haine d'une femme longtemps méprisée et trahie et qui devient enfin après vingt-quatre années maîtresse d'une rivale justement abhorrée?

Il n'est pas jusqu'à cette accusation lancée contre Diane, d'avoir dilapidé les trésors de l'État qui ne semble se retourner contre ses accusateurs.

Quelle restitution a-t-on exigé d'elle, alors que faible et presque impuissante elle était à la merci de ses ennemis? Catherine il est vrai lui enlève Chenonceaux, mais par acte en bonne et dûe forme elle déclare elle-même qu'il n'y a là qu'un échange avec le château de Chaumont, échange léonin peut-être mais enfin qui jusqu'à un certain point venge la mémoire de Diane d'une nouvelle souillure.

Pourtant, je l'avoue, Anet a été bâti pour Diane et payé par l'argent de la France. Le lui reprocherons-nous, Messieurs?

Ah devant ces splendeurs, pâles ombres pourtant dans leur magnificence de tant de chefs-d'œuvres anéantis en des jours de barbarie, de honte et de malheur, je me tais et j'admire ou plutôt je m'écrie: Plut à Dieu que nos milliards au lieu d'enrichir l'Etranger aient pu toujours ainsi orner, embellir notre France.

Voilà, Messieurs, l'exposé aussi franc que possible, je le crois du moins, de la véritable histoire. J'ai été je l'avouerai plutôt favorable qu'hostile à Diane, parce que, sans oser me prononcer sur elle, je suis intimement persuadé que l'on a noirci à plaisir cette intéressante figure.

Je terminerai comme j'ai commencé en souhaitant qu'un autre plus habile et plus autorisé que moi fasse la lumière sur cette question importante, bien digne d'appeler l'attention et les travaux de mes savants confrères.

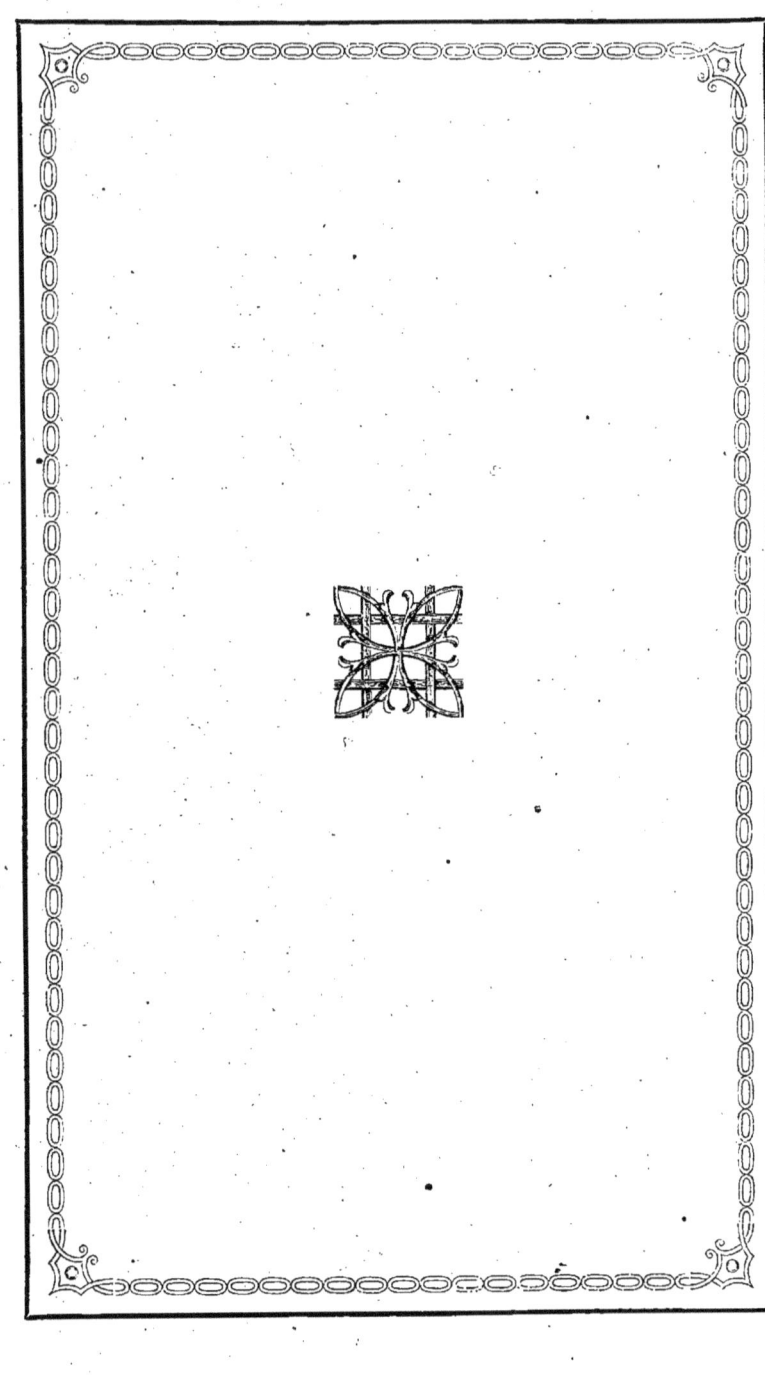

www.ingramcontent.com/pod-product-compliance
Lightning Source LLC
Chambersburg PA
CBHW071435060426
42450CB00009BA/2189